actor

színész

actress

színésznő

adult

felnőtt

aeroplane
US English **airplane**

repülőgép

air conditioner

klima berendezés

air hostess
US English **flight attendant**

légi utaskísérőnő

airport

repülőtér

album

képesalbum

almond

mandula

alphabet

ábécé

ambulance

mentő

a b c d e f g h i j k l m n o p q r s t u v w x y z

angel

angyal

animal

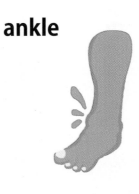

állat

ankle

boka

ant

hangya

antelope

antilop

antenna

antenna

apartment

lakás

ape

majom

apple

alma

apricot

sárgabarack

apron

kötény

aquarium

akvárium

archery

íjászat

architect

építész

arm

kar

armour
US English **armor**

páncél

arrow

nyíl

artist

művész

asparagus

spárga

astronaut

űrhajós

astronomer

csillagász

athlete

atléta

atlas

atlasz

aunt

nagynéni

author

író

automobile

gépkocsi

autumn

ősz

avalanche

lavina

award

díj

axe

fejsze

baby

kisbaba

back

hát

bacon

szalonna

badge

kitűző

badminton

tollaslabda

bag

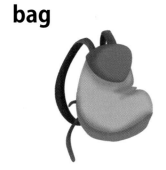

zsák

baker

pék

balcony

erkély

bald

kopasz

ball

labda

ballerina

balerina

balloon

léggömb

bamboo

bambusz

banana

banán

band

zenekar

bandage

kötszer

barbeque

grill

a
b
c
d
e
f
g
h
i
J
k
l
m
n
o
p
q
r
s
t
u
v
w
x
y
z

barn

istálló

barrel

hordó

baseball

baseball

basket

kosár

basketball

baseball labda

bat

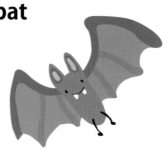

denevér

bath

fürdés

battery

elem

bay

öböl

beach

strand

beak

csőr

bean

borsó

bear

medve

beard

szakáll

bed

ágy

bee

méh

beetle

bogár

beetroot

cékla

bell

harang

belt

öv

berry

bogyó

bicycle

bicikli

billiards
US English **pool**

biliárd

bin

szemetes

a b c d e f g h i J K l m n o p q r s t u v w x y z

bird

madár

biscuit

keksz

black

fekete

blackboard

iskolatábla

blanket

takaró

blizzard

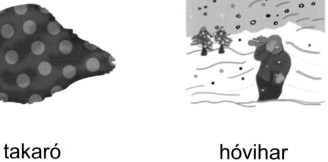

hóvihar

blood

vér

blue

kék

boat

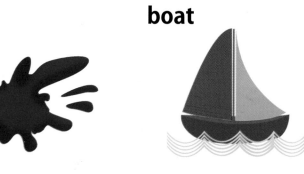

csónak

body

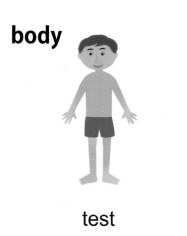

test

bone

csont

book

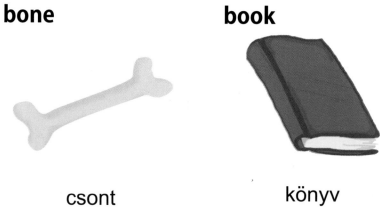

könyv

boot

csizma

bottle

üveg

bow

masni

bowl

edény

box

doboz

boy

fiú

bracelet

karkötő

brain

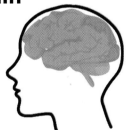

agy

branch

ág

bread

kenyér

breakfast

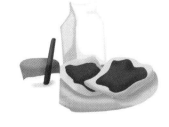

reggeli

brick

tégla

a

c
d
e
f
g
h
i
J
k
l
m
n
o
p
q
r
s
t
u
v
w
x
y
z

bride

menyasszony

bridegroom

vőlegény

bridge

híd

broom

seprű

brother

fiú testvér

brown

barna

brush

ecset

bubble

buborék

bucket

vödör

buffalo

bölény

building

épület

bulb

villanykörte

bull

bika

bun

zsemle

bunch

csokor

bundle

csomag

bungalow

nyaralóház

burger

hamburger

bus

busz

bush

bokor

butcher

hentes

butter

vaj

butterfly

pillangó

button

gomb

a
b
c
d
e
f
g
h
i
J
k
l
m
n
o
p
q
r
s
t
u
v
w
x
y
z

Cc

cabbage

káposzta

cabinet

vitrin

cable

kábel

cable car

sikló

cactus

kaktusz

cafe

kávézó

cage

ketrec

cake

torta

calculator

számológép

calendar

naptár

calf

borjú

camel

teve

camera

kamera

camp

kemping

can

doboz

canal

csatorna

candle

gyertya

canoe

kenu

canteen

étkezde

cap

sapka

captain

kapitány

car

autó

caravan

lakókocsi

a
b
c
d
e
f
g
h
i
j
J
k
l
m
n
o
p
q
r
s
t
u
v
w
x
y
z

card

kártya

carnival

karnevál

carpenter

ács

carpet

szőnyeg

carrot

sárgarépa

cart

talicska

cartoon

rajzfilm

cascade

vízesés

castle

vár

cat

macska

caterpillar

hernyó

cauliflower

karfiol

cave

barlang

ceiling

mennyezet

centipede

százlábú

centre
US English **center**

középpont

cereal

gabona

chain

lánc

chair

szék

chalk

kréta

cheek

arc

cheese

sajt

chef

séf

cherry

cseresznye

a b c d e f g h i j k l m n o p q r s t u v w x y z

chess

sakk

chest

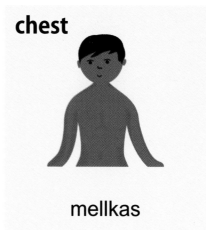

mellkas

chick

csibe

chilli
US English **chili**

csili

chimney

kémény

chin

áll

chocolate

csokoládé

christmas

karácsony

church

templom

cinema

mozi

circle

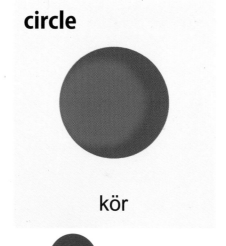

kör

circus

cirkusz

city

város

classroom

tanítóterem

clinic

kórház

clock

óra

cloth

törlőruha

cloud

felhő

clown

bohóc

coal

szén

coast

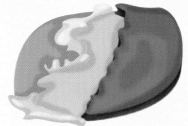

part

coat

kabát

cobra

kobra

cockerel

US English **rooster**

kis kakas

a b **c** d e f g h i J k l m n o p q r s t u v w x y z

abcdefghijklmnopqrstuvwxyz

cockroach

svábbogár

coconut

kókusz

coffee

kávé

coin

érme

colour
US English **color**

szín

comb

fésű

comet

üstökös

compass

iránytű

computer

számítógép

cone

tölcsér

container

tartály

cook

szakács

cookie

süti

cord

zsinór

corn

kukorica

cot

babakocsi

cottage

kunyhó

cotton

pamut

country

ország

couple

pár

court

bíróság

cow

tehén

crab

rák

crane

daru

a b c d e f g h i J k l m n o p q r s t u v w x y z

crayon

zsirkréta

crocodile

krokodil

cross

kereszt

crow

varjú

crowd

tömeg

crown

korona

cube

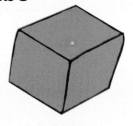

kocka

cucumber

uborka

cup

csésze

cupboard

szekrény

curtain

függöny

cushion

párna

Dd

dam

gát

dancer

táncos

dart

dárda

data

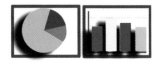

adat

dates

datolya

daughter

lány

day

nap

deck

kártyacsomag

deer

őz

den

odú

dentist

fogorvos

a b c d e f g h i j k l m n o p q r s t u v w x y z

desert

sivatag

design

dizájn

desk

asztal

dessert

deszert

detective

nyomozó

diamond

gyémánt

diary

napló

dice

dobókocka

dictionary

szótár

dinosaur

dinoszaurusz

disc

CD

dish

tál

diver

búvár

dock

móló

doctor

orvos

dog

kutya

doll

baba

dolphin

delfin

dome

kupola

domino

dominó

donkey

szamár

donut

fánk

door

ajtó

dough

tészta

a b c **d** e f g h i j k l m n o p q r s t u v w x y z

dragon

sárkány

drain

lefolyó

drawer

fiók

drawing

rajz

dream

álom

dress

ruha

drink

ital

driver

gépkocsivezető

drop

csepp

drought

szárazság

drum

dob

duck

kacsa

dustbin
US English **trash can**

szemetes

duvet

paplan

dwarf

törpe

Ee

eagle

sas

ear

fül

earring

fülbevaló

earth

föld

earthquake

földrengés

earthworm

giliszta

eclipse

napfogyatkozás

edge

szél

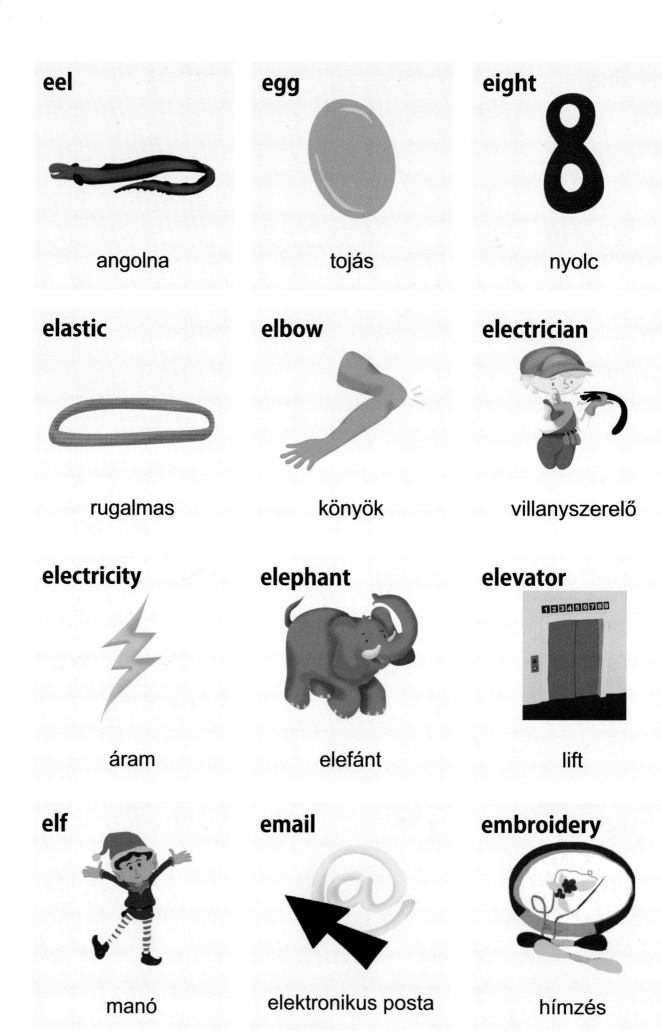

eel

angolna

egg

tojás

eight

nyolc

elastic

rugalmas

elbow

könyök

electrician

villanyszerelő

electricity

áram

elephant

elefánt

elevator

lift

elf

manó

email

elektronikus posta

embroidery

hímzés

engine

motor

entrance

bejárat

envelope

boríték

equator

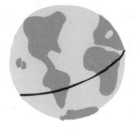

egyenlítő

equipment

műszer

eraser

radírgumi

escalator

mozgólépcső

eskimo

eszkimó

evening

este

exhibition

kiállítás

eye

szem

eyebrow

szemöldök

Ff

fabric

szövet

face

arc

factory

üzem / gyár

fairy

tündér

family

család

fan

ventilátor

farm

farm

farmer

gazdálkodó

fat

kövér

father

apa

feather

toll

female

nő

fence

kerítés

ferry

komp

field

mező

fig

füge

file

iratgyűjtő

film

film

finger

ujj

fire

tűz

fire engine

tűzoltókocsi

fire fighter

tűzoltó

fireworks

tüzijáték

fish

hal

fist

ököl

five

5

öt

flag

zászló

flame

láng

flamingo

flamingo

flask

palack

flock

nyáj

flood

árvíz

floor

padló

florist

virágkereskedő

flour

liszt

flower

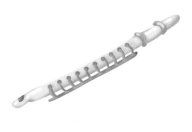

virág

flute

furulya

fly

légy

foam

hab

fog

köd

foil

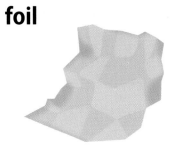

fólia

food

étel

foot

lábfej

football
US English **soccer**

labdarúgás

forearm

alsókar

forehead

homlok

forest

erdő

fork

villa

fortress

erőd

fountain

szökőkút

four

négy

fox

róka

frame

keret

freezer

mélyhűtő

fridge
US English **refrigerator**

hütőszekrény

friend

barát

frog

béka

fruit

gyümölcs

fumes

füst

funnel

szűrőtölcsér

furnace

kemence

furniture

bútor

gadget

készülék

gallery

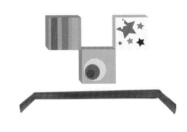

galéria

game

játék

gap

hézag

garage

garázs

garbage

szemét

garden

kert

garland

virágfüzér

a b c d e f g h i J k l m n o p q r s t u v w x y z

garlic

fokhagyma

gas

gáz

gate

kapu

gem

drágakő

generator

áramfejlesztő

germ

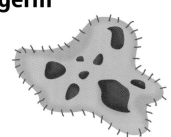

baktérium

geyser

gejzír

ghost

szellem

giant

óriás

gift

ajándék

ginger

gyömbér

giraffe

zsiráf

girl

leány

glacier

gleccser

glass

üveg

glider

vitorlázó repülő

globe

gömb

glove

kesztyű

glue

ragasztó

goal

kapu

goat

kecske

gold

arany

golf

golf

goose

liba

a
b
c
d
e
f
g
h
i
J
k
l
m
n
o
p
q
r
s
t
u
v
w
x
y
z

a b c d e f g h i J k l m n o p q r s t u v w x y z

gorilla

gorilla

grain

gabonaszem

grandfather

nagypapa

grandmother

nagymama

grape

szőlő

grapefruit

grapefruit

grass

fű

grasshopper

szöcske

gravel

kavics

green

zöld

grey

szürke

grill

grill

grocery

élelmiszer

ground

talaj

guard

őr

guava

guajáva

guide

turistavezető

guitar

gitár

gulf

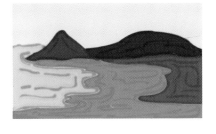

öböl

gun

lőfegyver

gypsy

cigány

Hh

hair

haj

hairbrush

hajkefe

hairdresser

fodrász

half

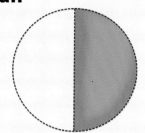

fél

hall

terem

ham

sonka

hammer

kalapács

hammock

függőágy

hand

kéz

handbag

kézitáska

handicraft

kézművesség

handkerchief

zsebkendő

handle

kilincs

hanger

akasztófa

harbour
US English **harbor**

kikötő

hare

mezei nyúl

harvest

aratás

hat

kalap

hawk

sólyom

hay

széna

head

fej

headphone

fejhallgató

heap

halom

heart

szív

heater

melegítőtest

hedge

sövény

a b c d e f g h i j k l m n o p q r s t u v w x y z

heel

sarok

helicopter

helikopter

helmet

sisak

hen

tojó tyúk

herb

gyógynövény

herd
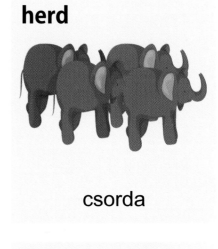
csorda

hermit

remete

hill

hegy

hippopotamus

víziló

hive

kaptár

hole
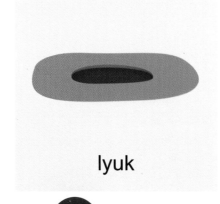
lyuk

honey

méz

hood

kapucni

hook

horog

horn

szarv

horse

ló

hose

öntözőcső

hospital

kórház

hotdog

hotdog

hotel

hotel

hour

óra

house

ház

human

ember

hunter

vadász

a b c d e f g **h** i J k l m n o p q r s t u v w x y z

hurricane

orkán

husband

férj

hut
kunyhó

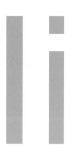

ice

jég

iceberg

jéghegy

ice cream

fagylalt

idol

bálvány

igloo

jégkunyhó

inch

mértékegység (hüvelyk)

injection
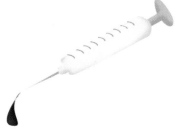
injekció

injury

sérülés

44

ink

tinta

inn

szálló

insect

rovar

inspector

ellenőr

instrument

hangszer

internet

internet

intestine

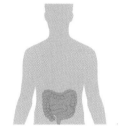

bél

inventor

feltaláló

invitation

meghívó

iron

vasaló

island

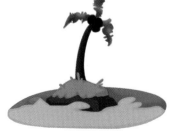

sziget

ivory

elefántcsont

a b c d e f g h i j k l m n o p q r s t u v w x y z

Jj

jackal

sakál

jacket

zakó

jackfruit

jákafa

jam

lekvár

jar

üveg

javelin

dárda

jaw

állkapocs

jeans

farmernadrág

jelly

zselé

jetty

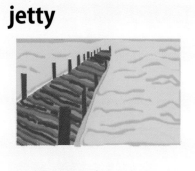

kikötőgát

jewellery
US English **jewelry**

ékszer

jigsaw

kirakós

jockey

zsoké

joker

mókás ember

journey

utazás

jug

korsó

juggler

zsonglőr

juice

gyümölcslé

jungle

őserdő

jute

juta

Kk

kangaroo

kenguru

kennel

kutyaház

a b c d e f g h i J k l m n o p q r s t u v w x y z

kerb
US English **curb**

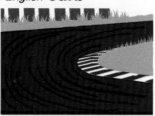

útszél

kerosene

petróleum

ketchup

kecsap

kettle

kanna

key

kulcs

keyboard

billentyűzet

key ring

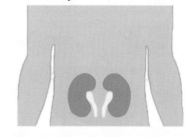

kulcskarika

kidney

vese

kilogram

kiló

king

király

kiosk

elárusító bódé

kiss

csók

kitchen

konyha

kite

(játék) sárkány

kitten

cica

kiwi

kivi

knee

térd

knife

kés

knight

lovag

knitwear

kötött áru

knob

gömbfogantyú

knock

kopogás

knot

csomó

knuckle

ujjízület

a b c d e f g h i j k l m n o p q r s t u v w x y z

Ll

a
b
c
d
e
f
g
h
i
j
J
k
l
m
n
o
p
q
r
s
t
u
v
w
x
y
z

label

címke

laboratory

laboratórium

lace

cipőfűző

ladder

létra

lady

hölgy

ladybird
US English **ladybug**

katicabogár

lagoon

lagúna

lake

tó

lamb

bárány

lamp

lámpa

lamp post

lámpaoszlop

50

land

föld

lane

sáv

lantern

lámpás

laser

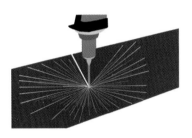

lézer

lasso

lasszó

latch

tolózár

laundry

szennyes

lawn

gyep

lawyer

ügyvéd

layer

réteg

leaf

falevél

leather

bőr

a
b
c
d
e
f
g
h
i
J
k
l
m
n
o
p
q
r
s
t
u
v
w
x
y
z

leg

láb

lemon

citrom

lemonade

citromlé

lens

lencse

leopard

párduc

letter

levél

letterbox

US English **mailbox**

levélláda

lettuce

saláta

library

könyvtár

licence

DRIVER LICENCE
NYC23579081
FIRST NAME...jhsguyegyug
LAST NAME...jhwgdyugduwy
SEX............huhqi
HAIR............whuw
HT............wihyu
WT............uwguje
Expiry............02-04-23
2/3/2014 62C FDRMN

jogosítvány

lid

fedő

light

fény

lighthouse

világítótorony

limb

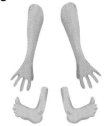

végtag

line

vonal

lion

oroszlán

lip

ajak

lipstick

szájfesték

liquid

folyadék

list

lista

litre
US English **liter**

liter

living room

nappali

lizard

gyík

load

teher

a
b
c
d
e
f
g
h
i
J
k
l
m
n
o
p
q
r
s
t
u
v
w
x
y
z

loaf

vekni kenyér

lobster

homár

lock

lakat

loft

padlás

log

farönk

loop

hurok

lorry

US English **truck**

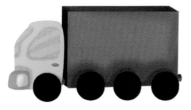

teherautó

lotus

lótusz

louse

tetű

luggage

poggyász

lunch

ebéd

lung

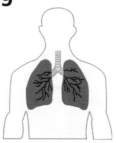

tüdő

Mm

machine

gép

magazine

magazin

magician

bűvész

magnet

mágnes

magpie

szarka

mail

posta

mammal

emlős

man

férfi

mandolin

mandolin

mango

mangó

map

térkép

a b c d e f g h i j k l m n o p q r s t u v w x y z

maple

juhar

marble

játékgolyó

market

piac

mask

állarc

mast

árboc

mat

lábtörlő

matchbox

gyufásdoboz

mattress

matrac

meal

étel

meat

hús

mechanic
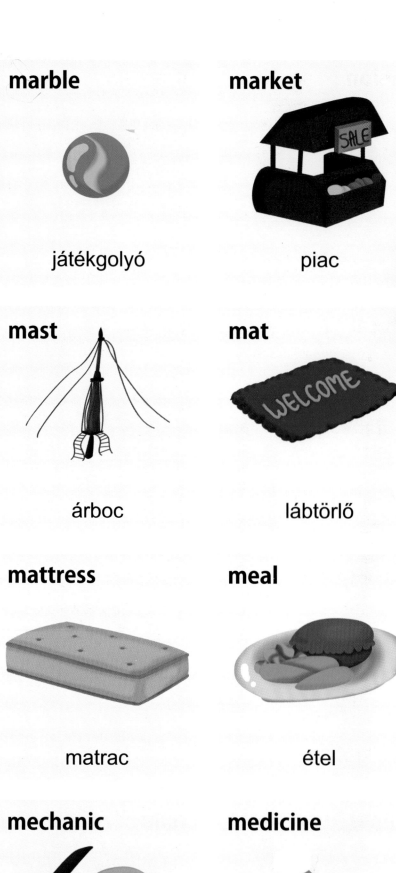
autószerelő

medicine
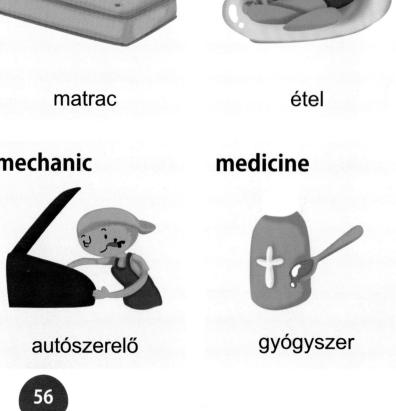
gyógyszer

melon

dinnye

merchant

kereskedő

mermaid

hableány

metal

fém

metre
US English **meter**

méter

microphone

mikrofon

microwave

mikrohullám sütő

mile

mérföld

milk

tej

miner

bányász

mineral

ásvány

mint

menta

a b c d e f g h i J k l m n o p q r s t u v w x y z

a b c d e f g h i j J k l m n o p q r s t u v w x y z

minute

perc

mirror

tükör

mobile phone

mobiltelefon

model

modell

mole

vakond

money

pénz

monk
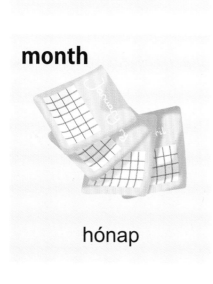
szerzetes

monkey

majom

monster

szörnyeteg

month

hónap

monument

emlékmű

moon

hold

mop

felmosó rongy

morning

reggel

mosquito

szunyog

moth

ruhamoly

mother

édesanya

motorcycle

motor

motorway

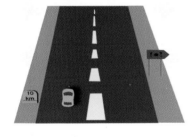

autópálya

mountain

hegy

mouse

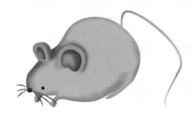

egér

mousetrap

egérfogó

moustache

bajusz

mouth

száj

mud

sár

muffin

muffin

mug

bögre

mule

szamár

muscle

izom

museum

múzeum

mushroom

gomba

music

zene

musician

zenész

nail

szeg

napkin

szalvéta

Nn

nappy
US English **diaper**

pelenka

nature

természet

neck

nyak

necklace

nyaklánc

necktie

nyakkendő

needle

tű

neighbour
US English **neighbor**

szomszéd

nest

fészek

net

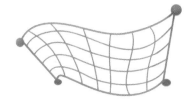

háló

newspaper

újság

night

este

nine

kilenc

a b c d e f g h i J k l m **n** o p q r s t u v w x y z

noodles

metélt

noon

dél

north

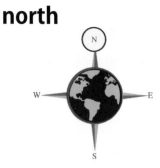

észak

nose

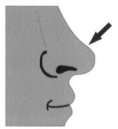

orr

note

jegyzet

notebook

jegyzetfüzet

notice

hírdetmény

number

0 1 2 3

szám

nun

apáca

nurse

nővér

nursery

gyermekszoba

nut

dió

Oo

oar

evezőlapát

observatory

csillagvizsgáló

ocean

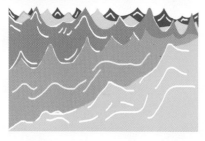

oceán

octopus

polip

office

iroda

oil

olaj

olive

olíva

omelette

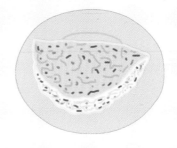

omlett

one

egy

onion

hagyma

orange

narancs

a b c d e f g h i j k l m n o p q r s t u v w x y z

a b c d e f g h i J k l m n o p q r s t u v w x y z

orbit

pálya

orchard

gyümölcsös

orchestra

zenekar

ostrich

strucc

otter
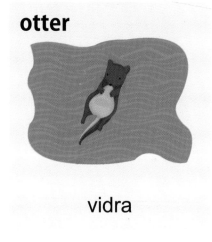
vidra

oval
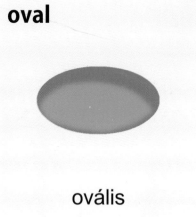
ovális

oven

sütő

owl

bagoly

ox

ökör

Pp

packet

csomag

page

oldal

pain

fájdalom

paint

festék

painting

festmény

pair

pár

palace

palota

palm

tenyér

pan

serpenyő

pancake

palacsinta

panda

panda

papaya

papaya

paper

papír

parachute

ejtőernyő

a b c d e f g h i j k l m n o **p** q r s t u v w x y z

parcel

csomag

park

park

parrot

papagáj

passenger

utazó

pasta

tészta

pastry

sütemény

pavement

útburkolat

paw

mancs

pea

borsó

peach

őszibarack

peacock

páva

peak

csúcs

peanut

földimogyoró

pear

körte

pearl

gyöngy

pedal

pedál

pelican

pelikán

pen

toll

pencil

ceruza

penguin

pingvin

pepper

bors

perfume

parfüm

pet

háziállat

pharmacy

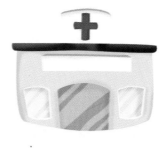

gyógyszertár

a b c d e f g h i j k l m n o p q r s t u v w x y z

photograph

fénykép

piano

zongora

picture

kép

pie

pite

pig

disznó

pigeon

galamb

pillar

oszlop

pillow

párna

pilot

pilóta

pineapple

ananász

pink

rózsaszín

pipe

cső

pizza

pizza

planet

bolygó

plant

növény

plate

tányér

platform

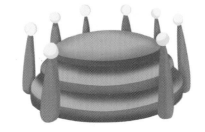

pódium

platypus

kacsacsőrű emlős

player

játékos

plum

szilva

plumber

vízvezetékszerelő

plywood

furnérlemez

pocket

zseb

poet

költő

polar bear

jegesmedve

police

rendőrség

pollution

szennyezés

pomegranate

gránátalma

pond

tavacska

porcupine

sündisznó

port

kikötő

porter

hordár

postcard

levelezőlap

postman

postás

post office

postahivatal

pot

virágcserép

potato

krumpli

powder

por

prawn
US English **shrimp**

garnéla

priest

pap

prince

herceg

prison

zárka

pudding

puding

pump

pumpa

pumpkin

tök

puppet

báb

puppy

kiskutya

purse

pénztárca

a b c d e f g h i j k l m n o p q r s t u v w x y z

a b c d e f g h i j k l m n o p q r s t u v w x y z

Qq

quail

fürj

quarry

kőfejtő

queen

királynő

queue

sor

quiver

tegez

rabbit

házi nyúl

rack

állvány

Rr

racket

teniszütő

radio

rádió

radish

retek

raft

tutaj

rain

eső

rainbow

szivárvány

raisin

mazsola

ramp

emelkedő

raspberry

málna

rat

patkány

razor

borotva

receipt

nyugta

rectangle

téglalap

red

piros

restaurant

étterem

rhinoceros

orrszarvú

rib

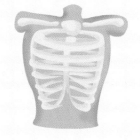

borda

ribbon

szalag

rice

rizs

ring

gyűrű

river

folyó

road

út

robber

rabló

robe

köntös

robot

robot

rock

kő

rocket

rakéta

roller coaster

hullámvasút

room

szoba

root

gyökér

rope

kötél

rose

rózsa

round

kerek

rug

szőnyeg

rugby

rögbi

ruler

vonalzó

Ss

sack

zsák

sail

vitorla

a b c d e f g h i J k l m n o p q r **s** t u v w x y z

sailor

tengerész

salad

saláta

salt

só

sand

homok

sandwich

szendvics

satellite

műholdas

saucer

kis tálka

sausage

kolbász

saw

fűrész

scarf

sál

school

iskola

scissors

olló

scooter

roller

scorpion
skorpió

screw
csavar

sea
tenger

seal
fóka

seat
ülés

see-saw
mérleghinta

seven
hét

shadow
árnyék

shampoo
sampon

shark
cápa

sheep
bárány

a b c d e f g h i J k l m n o p q r s t u v w x y z

shelf

polc

shell

kagyló

shelter

menedék

ship

hajó

shirt

ing

shoe

cipő

shorts

rövid nadrág

shoulder

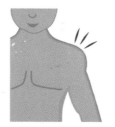

váll

shower

tus

shutter

redőny

shuttlecock

tollaslabda

signal

jelzőlámpa

silver

ezüst

sink

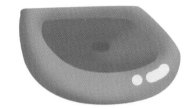

konyhai lefolyó

sister

lány testvér

six

hat

skate

korcsolya

skeleton

csontváz

ski

síelés

skin

bőr

skirt

szoknya

skull

koponya

sky

ég

skyscraper

felhőkarcoló

a b c d e f g h i j k l m n o p q r s t u v w x y z

a b c d e f g h i j k l m n o p q r s t u v w x y z

slide

csúzda

slipper

papucs

smoke

füst

snail

csiga

snake

kigyó

snow

hó

soap

szappan

sock

zokni

sofa

dívány

soil

talaj

soldier

katona

soup

leves

space

űr

spaghetti

spagetti

sphere

gömb

spider

pók

spinach

spenót

sponge

szivacs

spoon

kanál

spray

permetező

spring

tavasz

square

négyszög

squirrel

mókus

stadium

stadion

a b c d e f g h i j k l m n o p q r **s** t u v w x y z

stairs

lépcső

stamp

bélyeg

star

csillag

station

állomás

statue

szobor

stethoscope

hallgatócső

stomach

gyomor

stone

kő

storm

vihar

straw

szívószál

strawberry

eper

street

utca

student	**submarine**	**subway**

egyetemi hallgató	búvárhajó	metró
sugar	**sugarcane**	**summer**

cukor	cukornád	nyár
sun	**supermarket**	**swan**

nap	élelmiszer-áruház	hattyú
sweet	**swimming pool**	**swimsuit**

édesség	uszómedence	fűrdőruha

a b c d e f g h i j k l m n o p q r **s** t u v w x y z

swing

hinta

switch

kapcsoló

syrup

szirup

Tt

table

asztal

tall

magas

tank

tank

taxi

taxi

tea

tea

teacher

tanár

teeth

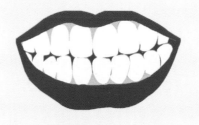

fogak

telephone

telefon

television

televízió

ten

tíz

tennis

tenisz

tent

sátor

thief

tolvaj

thread

szál

three

3

három

throat

torok

thumb

hüvelykujj

ticket

belépőjegy

tiger

tigris

toe

lábujj

a b c d e f g h i j k l m n o p q r s t u v w x y z

tofu

tofu

tomato

paradicsom

tongue

nyelv

tool

szerszám

toothbrush

fogkefe

toothpaste

fogkrém

tortoise

teknősbéka

towel

törülköző

tower

torony

toy

játékszer

tractor

traktor

train

vonat

tree

fa

triangle

háromszög

tub

kád

tunnel

alagút

turnip

tarlórépa

tyre
US English **tire**

gumiabroncs

Uu

umbrella

esernyő

uncle

nagybácsi

uniform

egyenruha

university

egyetem

utensil

evőeszköz

Vv

vacuum cleaner

porszívó

valley

völgy

van

kis teherautó

vase

váza

vault

széf

vegetable

zöldség

veil

fátyol

vet

állatorvos

village

falu

violet

lila

violin

hegedű

volcano

vulkán

volleyball

röplabda

vulture

keselyű

waist

derék

waitress

pincérnő

Ww

wall

fal

wallet

pénztárca

walnut

dió

wand

pálca

wardrobe

ruhaszekrény

warehouse

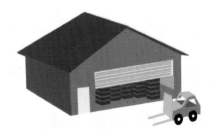

raktár

a
b
c
d
e
f
g
h
i
J
k
l
m
n
o
p
q
r
s
t
u
v
w
x
y
z

wasp

darázs

watch

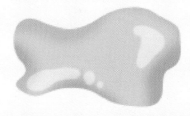

karóra

water

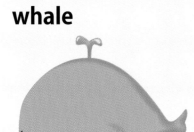

víz

watermelon

dinnye

web

pókháló

whale

bálna

wheat

búza

wheel

kerék

whistle

síp

white

fehér

wife

feleség

window

ablak

wing

szárny

winter

tél

wizard

varázsló

wolf

farkas

woman

nő

woodpecker

harkály

wool

gyapjú

workshop

műhely

wrist

csukló

Xx

x-ray

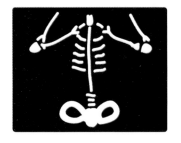

röntgen

xylophone

xilofon

a b c d e f g h i J k l m n o p q r s t u v w x y z

a b c d e f g h i j k l m n o p q r s t u v w x **y** **z**

Y y

yacht

jacht

yak

jak

yard

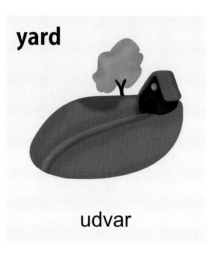

udvar

yellow

sárga

yoghurt

joghurt

Z z

zebra

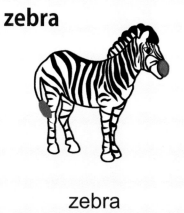

zebra

zero

nulla

zip

cipzár

zodiac

zodiákus

zoo

állatkert